KB073456

마이클 싱어
명상 다이어리

52주 × 5년 명상 수업

마이클 싱어 지음
이균형 옮김

마이클 싱어
명상 다이어리

52주 × 5년 명상 수업

– 이 다이어리의 명상 도움 문장은 모두 저자가 『상처받지 않는 영혼』에서
직접 선택해 발췌한 것입니다.

– 한 주마다 질문 한 개씩 답하면 1년 동안 이 다이어리의 모든 질문에
답할 수 있습니다. 다음 해가 시작될 때, 첫 페이지를 펼쳐 다음 칸에
같은 질문에 대한 답을 다시 채워 보세요.

{ 요즘 자주 들리는 마음의 소리는 무엇인가요? }

20 20   힘든 건 참지 말고 말해야 된다고

자꾸 내 마음이 말하고 있는 것 같다.

20 21

20 22

진정한 당신은 누구인가요?

내면의 평화와 자유를 찾기 위해 우리는 무엇을 하면 좋을까요?

진정한 나를 찾으러 떠나는, 인생을 바꿀 여정에
오른 당신을 환영합니다. 이 여정의 주인공은 바로
당신입니다. 『마이클 싱어 명상 다이어리』는
당신이 『상처받지 않는 영혼』의 여정을 실천하도록
도와줄 길잡이로서 『상처받지 않는 영혼』에서
제가 직접 고른 지혜의 말들로 구성되어 있습니다.

의식을 일깨우는 데서부터 시작해서 영적 에너지를
발견하고, 막힘으로부터 자유로워지는 일련의
과정을 통해 당신은 진정한 자신을 찾아 마침내
강렬하고 조건 없는 행복을 느끼게 될 것입니다.

1년 52주씩 5년간 자신을 관찰하고 기록하는 동안
이 책의 영감과 조언과 함께 당신은 매순간
의식적으로 살아갈 수 있게 되고, 더 나아가
진정한 당신이 누구인지 알게 될 것입니다.

매주 이 다이어리와 함께하세요. 눈을 감고
명상하기 전에 먼저 다이어리의 질문에 답해도
되고, 바쁜 하루를 시작하거나 끝낼 때 간단히
써도 됩니다. 순서대로 사용해도 좋고 아무
질문이나 펼쳐서 시작해도 좋습니다. 어떻게
사용하든 당신이 이 여행에서 깊은 성장과
행복을 경험할 수 있기를 바랍니다.

사랑과 존경을 담아
마이클 싱어

| 차례 |

Step 1
잠든 의식을 일깨우기(1~13주)

Step 2
에너지를 경험하기(14~22주)

Step 3
자기를 놓아 보내기(23~33주)

Step 4
그 너머로 가기(34~40주)

Step 5
삶을 살기(41~52주)

비움 노트

해제

저자 소개

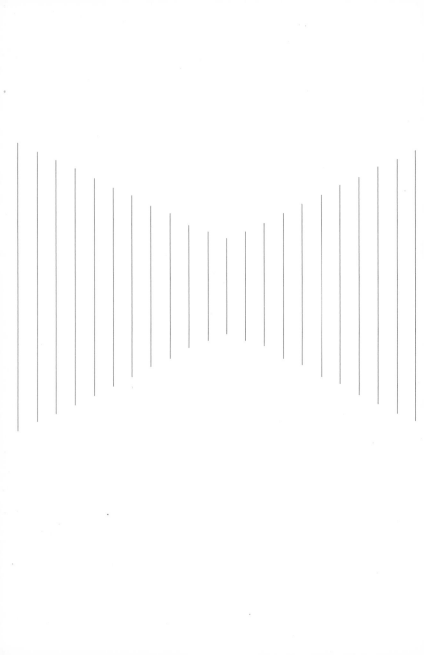

Step 1

잠든 의식을 일깨우기

$$1$$

진정한 성장을 위해서는 당신이
마음의 소리가 아님을, 당신은 그것을
듣는 자임을 깨닫는 것보다
더 중요한 것은 없다.

———————
———————
———————

{ 요즘 자주 들리는 마음의 소리는 무엇인가요? }

20 ___
_____
_____
_____

20 ___
_____
_____
_____

20 ___
_____
_____
_____

20 ___
_____
_____
_____

20 ___
_____
_____
_____

삶의 대부분은 당신의 마음이
삶에 대해 지껄이는 말과는
전혀 상관없이

당신의 통제력을
훨씬 넘어선
힘의 흐름에 따라
전개될 것이다.

2

삶의 대부분은 당신의 마음이
삶에 대해 지껄이는 말과는 전혀 상관없이
당신의 통제력을 훨씬 넘어선
힘의 흐름에 따라 전개될 것이다.

{ 내 뜻과 무관하게 될 일은
결국 된다고 생각했던 일은 무엇인가요? }

20 ___ _____

_____

_____

20 ___ _____

_____

_____

20 ___ _____

_____

_____

20 ___ _____

_____

_____

20 ___ _____

_____

_____

$$3$$

개인의 진정한 성장이란,
불안해하면서 보호를 요청하는
자기 안의 어떤 부분을
극복해내는 것에 관한 문제이다.

{ 가장 극복하고 싶은 콤플렉스는 무엇인가요? }

20 _____ _____

_____

_____

20 _____ _____

_____

_____

20 _____ _____

_____

_____

20 _____ _____

_____

_____

20 _____ _____

_____

_____

당신이 늘 자신에게, 자신에 대해
말을 하고 있다는 사실을 아는
내면의 그는, 언제나 말이 없다.

그것은 당신 존재의 심층으로
들어가는 문이다.

$$4$$

당신이 늘 자신에게, 자신에 대해
말을 하고 있다는 사실을 아는 내면의 그는,
언제나 말이 없다. 그것은 당신 존재의
심층으로 들어가는 문이다.

{ 가장 편안한 나만의 공간은 어디인가요? }

20 ___

20 ___

20 ___

20 ___

20 ___

5

목소리를 지켜보는 그를 알면
당신은 창조의 가장 깊은 비밀을
알게 될 것이다.

{ 당신이 가장 믿는 것은 무엇인가요? }

20 ___

20 ___

20 ___

20 ___

20 ___

6

당신은 외부의 조건을 바꾸면
문제가 없어지리라고 생각한다.
하지만 지금까지 어느 누구도 외부 조건을 바꾸어
문제를 진정으로 해결한 적이 없다.
언제나 그 다음 문제가 일어난다.

{ 지금까지 외부의 탓이라고 생각해 왔던
문제들은 무엇인가요? }

20 ___

20 ___

20 ___

20 ___

20 ___

문제에 대한 해결책은 외부의 조건을
바꾸는 것이라고 생각하는 버릇에서
빠져나와야만 한다.

당신의 문제에 대한
영구적이고 유일한 해결책은 내면으로
들어가서 현실과 온갖 말썽을 일으키고
있는 당신의 그 부분을 해방시키는
것이다.

7

문제에 대한 해결책은 외부의 조건을 바꾸는 것이라고
생각하는 버릇에서 빠져나와야만 한다.
당신의 문제에 대한 영구적이고 유일한 해결책은
내면으로 들어가서 현실과 온갖 말썽을 일으키고 있는
당신의 그 부분을 해방시키는 것이다.

외부 조건을 바꿔 봤지만
해결되지 않았던 문제들을 적어 보세요.

20 ___

20 ___

20 ___

20 ___

20 ___

8

결국 당신은 외부세계의 대상들과 마음속 감정들은
그 위를 물처럼 지나가는 것임을 깨닫기 시작할 것이다.
하지만 이런 것들을 경험하는 당신은 자기 앞을 지나가는
그 모든 것을 그대로 의식하면서 있다.

{ 행복해지기 위해 갖춰야 할 조건이
무엇이라고 생각하나요? }

20 ___

20 ___

20 ___

20 ___

20 ___

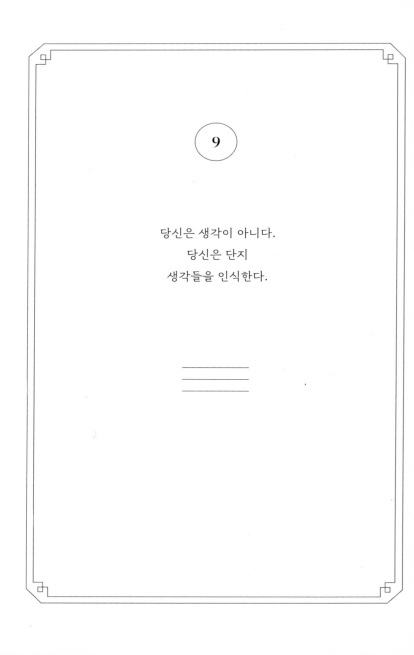

9

당신은 생각이 아니다.
당신은 단지
생각들을 인식한다.

{ 나 자신을 잊을 정도로
몰두하는 일은 무엇인가요? }

20 ___

20 ___

20 ___

20 ___

20 ___

10

'나는 무엇일까? 이 모든 육체적, 감정적, 정신적 경험을
하고 있는 그것은 무엇일까?' 그래서 당신은
이 의문을 조금 더 깊이 살펴본다. 경험을 경험하는
그를 인식해라. 당신은 마침내 경험자인 그 당신이
어떤 특별한 속성을 지니고 있음을 깨닫는,
내면의 어떤 지점에 도달할 것이다. 그 속성이란
순수한 인식, 의식함, 존재한다는 어떤 직관적 느낌이다.
당신은 생각을 하든지, 말든지 상관없이 존재한다.

{ 당신의 페르소나는 무엇인가요? }

20 ___

_____

_____

_____

20 ___

_____

_____

_____

20 ___

_____

_____

_____

20 ___

_____

_____

_____

20 ___

_____

_____

_____

11

내가 당신에게, '당신은 누구신가요?' 하고 물으면
당신은 이렇게 대답한다.
'나는 보는 자입니다.
나는 이 안의 어딘가에서, 내 앞을 지나가는 사건과
생각과 감정들을 내다보고 인식합니다.'

———————
———————

{ 당신의 가치는 무엇인가요?
'나의 가치는 _____다'로 적어 보세요. }

20 ___

20 ___

20 ___

20 ___

20 ___

12

아주 깊숙이 들어가면, 거기가 당신이 사는 곳이다.
당신은 의식의 자리에서 살고 있다.
거기에 진정한 영적 존재가 아무런 노력도 없이,
아무런 의도도 없이 살고 있다.

20 ___ _____

_____

_____

20 ___ _____

_____

_____

20 ___ _____

_____

_____

20 ___ _____

_____

_____

20 ___ _____

_____

_____

13

참나의 본성을 들여다볼 때,
당신은 명상을 하고 있는 것이다.
그것이 가장 높은 경지이다.
그것은 당신 존재의 뿌리,
곧 '인식하고 있음에 대한 인식'으로
돌아가는 것이다.

당신이 가장 잘 안다고 자부하는 것은
무엇인가요? 사람, 학문, 일 다 좋습니다.

20 ___

20 ___

20 ___

20 ___

20 ___

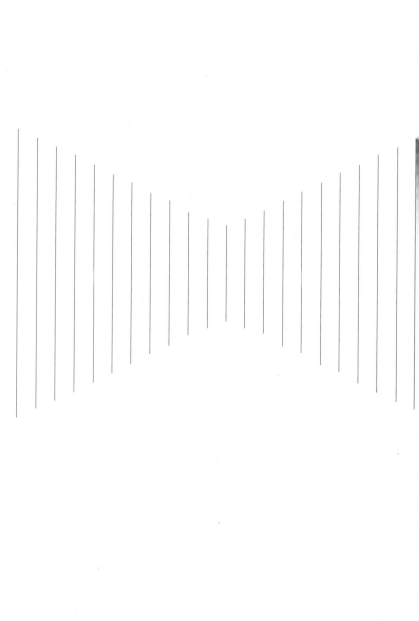

Step 2

에너지를 경험하기

△ 14

몸의 모든 움직임,
일어나는 모든 감정,
마음을 스치는 모든 생각들이
에너지를 소비한다.

지금 당신의 자세는 어떤가요?
자세를 묘사해 보세요. 가장 뭉쳐 있는 부분은
어디고, 가장 부드러운 부분은 어디인가요?

20 ___ _____

_____

_____

20 ___ _____

_____

_____

20 ___ _____

_____

_____

20 ___ _____

_____

_____

20 ___ _____

_____

_____

영적 에너지란 당신의 가슴속으로
순수한 사랑이 밀려올 때 경험하는 그것이다.
그것은 당신이 어떤 일에 고양됐을 때 경험하는 것이다.
이 모든 높은 에너지가 내부로부터 생겨난다.

{ 최근에 가장 신나고 벅차올랐던
일은 무엇인가요? }

20 ___ _____
_____
_____

20 ___ _____
_____
_____

20 ___ _____
_____
_____

20 ___ _____
_____
_____

20 ___ _____
_____
_____

16

에너지는 늙지 않는다. 지치지도 않는다.
음식을 필요로 하지도 않는다.
필요로 하는 것은 단지
열림과 받아들임이다.

{ 최근에 타인에게 마음을
완전히 연 적은 언제였나요? }

20 ___

20 ___

20 ___

20 ___

20 ___

기쁨과 사랑과 의욕.
그것을 항상 느낄 수만 있다면
밖에서 어떤 일이 벌어지든
그게 무슨 상관이겠는가?

{ 최근에 기쁨, 사랑, 의욕을 느꼈던 적은
언제인가요? 무엇 때문이었나요? }

20 ___ _____

_____

_____

20 ___ _____

_____

_____

20 ___ _____

_____

_____

20 ___ _____

_____

_____

20 ___ _____

_____

_____

18

당신이 가슴을 닫아야 할 대상은
아무 데도, 아무것도 없다.

{ 최근에 분노가 치밀어 올랐던 때는
언제였나요? 무엇 때문이었나요? }

20 ___

20 ___

20 ___

20 ___

20 ___

19

가슴은 지극히 미묘한 에너지로
만들어진 악기여서
그것을 진정으로
음미할 수 있는 사람은 드물다.

{ 최근에 자신에게 가장 솔직했던
때는 언제인가요? }

20 ___ _____

_____

_____

20 ___ _____

_____

_____

20 ___ _____

_____

_____

20 ___ _____

_____

_____

20 ___ _____

_____

_____

20

당신이 경험했던 가장 고양된 상태는
단지 당신이 마음을 활짝 열었던
결과일 뿐이다. 당신이 닫지만 않으면
언제나 그런 상태로 있을 수 있다.

20 _____

20 _____

20 _____

20 _____

20 _____

21

지혜로운 사람은 에너지가 방어적인 양상으로
기울 때마다 그것을 놓아 보낼 수 있도록
늘 마음의 중심에 머문다. 에너지가 움직이고 의식이
그것에 이끌려가기 시작하는 것을 감지하는 순간
힘을 빼고 놓아 보내라. 놓아 보낸다는 것은
에너지 속으로 딸려 들어가는 대신
뒤로 떨어져 나옴을 말한다.

{ 최근에 감정에 휩쓸려서 나오는 대로
뱉어 버린 말이 있나요? }

20 ___

20 ___

20 ___

20 ___

20 ___

고통을 느낄 때,
그것을 그저 하나의 에너지로 바라보라.
고통을 놓아 보내어
당신을 지나가도록 공간을 내주어라.

{ 일상에서 매일 하는 일 중,
가장 하기 싫은 일은 무엇인가요? }

20 ___

20 ___

20 ___

20 ___

20 ___

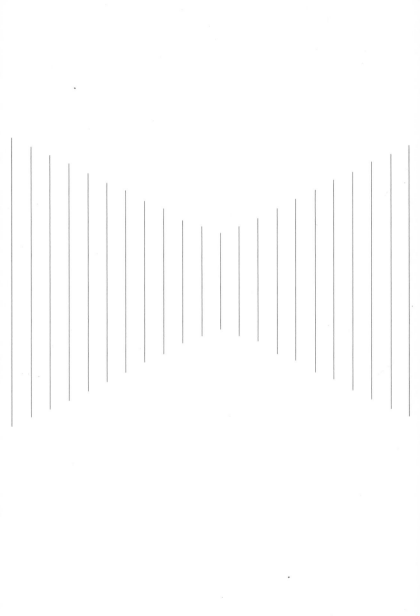

Step 3

자기를 놓아 보내기

23

두려움도 하나의 대상이다.
그것은 이 우주에서 당신이
경험할 수 있는 무수한 대상들 중
하나일 뿐이다.

{ 당신이 가장 두려워하는 것은 무엇인가요? }

20 ___ _____

20 ___ _____

20 ___ _____

20 ___ _____

20 ___ _____

24

두려움의 뿌리는,
당신 안에 걸려서 쌓여 있는 그것들이다.
두려움은
에너지 흐름의 막힘에 의해서 생긴다.

{ 새롭게 도전하고 싶지만
시작하기 두려운 일이 있나요? }

20 ___ _____

_____

_____

20 ___ _____

_____

_____

20 ___ _____

_____

_____

20 ___ _____

_____

_____

20 ___ _____

_____

_____

25

영적 진화의 목적은
두려움을 일으키는 이 막힘을
제거하는 것이다.

{ 지금 당신의 인생에
가장 영향을 끼친 일은 무엇인가요? }

20 ___ _____

_____

_____

20 ___ _____

_____

_____

20 ___ _____

_____

_____

20 ___ _____

_____

_____

20 ___ _____

_____

_____

26

그 고통이 가슴으로 올라와서 지나가게 하라.
그러면 그것은 당신을 지나쳐 갈 것이다.
당신이 진정으로 진실을 추구하는 사람이라면
그 때마다 낱낱이 놓아 보낼 수 있을 것이다.

{ 지금 당신이 집착하고 있는
일은 무엇인가요? }

20 ___ _____

_____

_____

20 ___ _____

_____

_____

20 ___ _____

_____

_____

20 ___ _____

_____

_____

20 ___ _____

_____

_____

덩어리가 건드려지면 그 자리에서
그대로 놓아 보내야만 한다는 것이다.
다음 순간이면 더 힘들어질 것이기
때문이다.

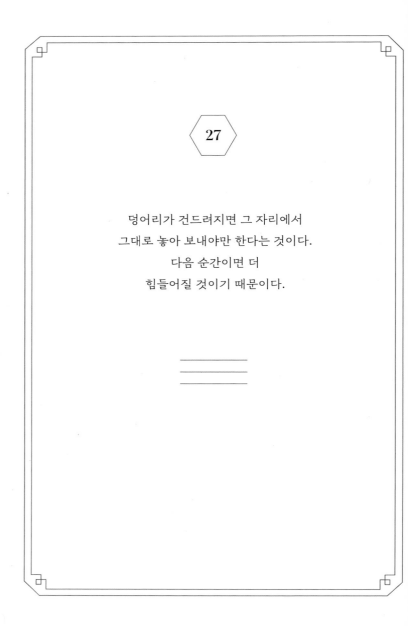

27

덩어리가 건드려지면 그 자리에서
그대로 놓아 보내야만 한다는 것이다.
다음 순간이면 더
힘들어질 것이기 때문이다.

{ 최근에 청소한 때는 언제고,
그 장소는 어디인가요? }

20

20

20

20

20

28

이 중심 잡힌 인식의 자리가
보는 자의 자리, 참나의 자리이다.
그것이 놓아 보낼 수 있는
유일한 자리이다.

———————
———————

{ 최근에 가장 애쓰면서
진행했던 일은 무엇인가요? }

20 ___ _____

20 ___ _____

20 ___ _____

20 ___ _____

20 ___ _____

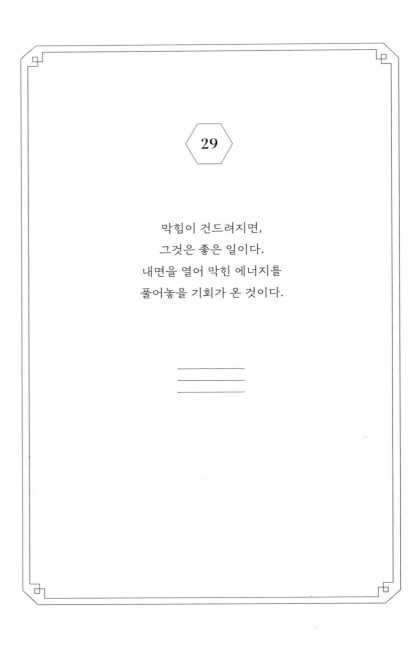

29

막힘이 건드려지면,
그것은 좋은 일이다.
내면을 열어 막힌 에너지를
풀어놓을 기회가 온 것이다.

{ 최근에 단식한 적은
언제이고 얼마나 오래였나요? }

20 ___

20 ___

20 ___

20 ___

20 ___

무엇이든 놓아 보내라.

30

무엇이든 놓아 보내라.

{ 가장 지우고 싶은
기억은 무엇인가요? }

20 ___

20 ___

20 ___

20 ___

20 ___

31

당신을 아래로 끌어당기던 그것이
상승의 강력한 힘으로 바뀔 수 있다.
다만 당신이 스스로 상승하기로
마음먹어야만 한다.

{ 최근에 실패하고 좌절했던
고통스러운 경험은 무엇인가요? }

20 ___

20 ___

20 ___

20 ___

20 ___

32

자신을 어떻게 해방시킬 수 있을까?
가장 깊은 의미에서 말하자면,
자신을 발견함으로써
자신을 해방시킨다.

가장 미워하는 사람을 한 명 떠올려 보세요.
한 주 동안 그 사람을 관찰한 뒤
그의 좋은 면을 찾아내 적어 보세요.

20 ___

20 ___

20 ___

20 ___

20 ___

◇ 33 ◇

참나 안에 오래 머물러 있으면
이전에 한 번도 경험한 적 없는 어떤 에너지를
느끼기 시작할 것이다.
그것은 당신이 마음과 감정을
경험하는 곳인 앞쪽보다는 뒤쪽으로부터 올라온다.

{ 미워하는 사람에게 너그러운 한마디를
건네 본다면, 어떤 말을 건넬 건가요? }

20 ___ _____
_____
_____
_____

20 ___ _____
_____
_____
_____

20 ___ _____
_____
_____
_____

20 ___ _____
_____
_____
_____

20 ___ _____
_____
_____
_____

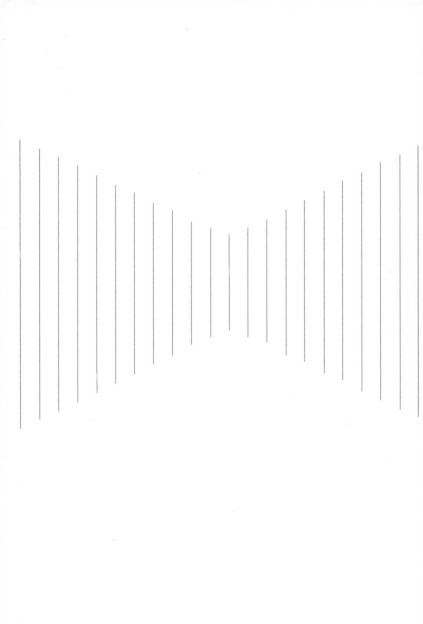

Step 4

그 너머로 가기

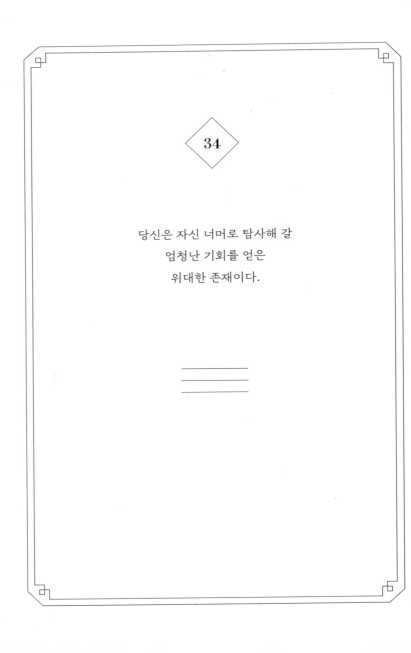

34

당신은 자신 너머로 탐사해 갈
엄청난 기회를 얻은
위대한 존재이다.

{ 돈이나 시간이 충분하다면
가장 가고 싶은 곳은 어디인가요? }

20 ____

20 ____

20 ____

20 ____

20 ____

35

영적 여행은 끊임없는 변화의 여정이다.
성장하기 위해서는 같은 자리에
남아 있으려는 발버둥을 멈추고
항상 변화를 포용하기를 배워야만 한다.

가장 최근에 변화를 시도해 본 일을
적어 보세요.

20 ___ _____

_____

20 ___ _____

_____

20 ___ _____

_____

20 ___ _____

_____

20 ___ _____

_____

36

의식이 개인적인 생각과 감정과 감각의 입력물로부터
주의를 빼내면 어떻게 될까?
한 개인의 인격적 자아의 속박으로부터 풀려나서
그 너머를 탐사해 갈 수 있는 자유를 얻게 될까?

{ 최근에 감각의 과부하를 느낀 적은
언제였나요? }

20 ___

20 ___

20 ___

20 ___

20 ___

37

무한한 빛에 도달하려면 가장 어두운 밤을
지나야만 한다는 말이 있다.
이것은 우리가 어둠이라고 부르는 것이
사실은 빛의 막힘이기 때문이다.

{ 가장 최근에 한 기도는 무엇인가요? }

20 ___

20 ___

20 ___

20 ___

20 ___

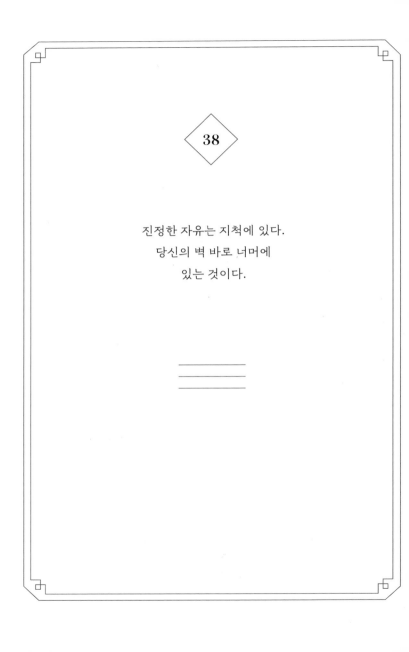

38

진정한 자유는 지척에 있다.
당신의 벽 바로 너머에
있는 것이다.

{ 최근에 가장 자유롭다고 느낀 적은
언제, 무엇을 할 때였나요? }

20

20

20

20

20

$$\diamondsuit \ 39 \ \diamondsuit$$

너머는 모든 방향으로 무한히 펼쳐 있다.

{ 당신이 상상하는 무한한 자유의 세계는
어떤 모습인가요? }

20 ___ _____

_____

_____

20 ___ _____

_____

_____

20 ___ _____

_____

_____

20 ___ _____

_____

_____

20 ___ _____

_____

_____

$$\diamond\ 40\ \diamond$$

당신은 넘어가고 싶은가?
경계 없는 느낌을 느끼고 싶은가?

———————
———————

{ 최근에 누군가를 위해 헌신한 기억은
무엇인가요? }

20 ___

20 ___

20 ___

20 ___

20 ___

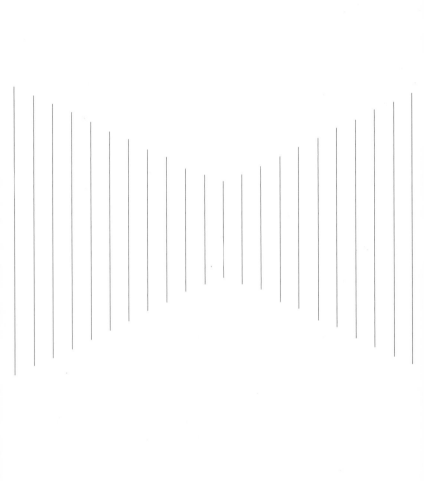

Step 5

삶을 살기

깊은 내면의 것들을 풀어놓는 것은
그 자체가 하나의 영적 수행이다.
그것은 비저항의 길, 받아들임의 길,
내맡김의 길이다.

{ 남들이 알게 될까 봐
가장 무서워하는 것은 무엇인가요? }

20 _____

20 _____

20 _____

20 _____

20 _____

42

비결은 그저 이완하고 풀어놓고
당신 앞에 놓인 것만을 다루는 것이다.
그 밖의 다른 것들은
걱정할 필요가 없다.

{ 최근에 미래의 일을 미리 걱정했다거나,
과거의 일에 사로잡힌 적이 있나요? }

20 ___ _____

20 ___ _____

20 ___ _____

20 ___ _____

20 ___ _____

43

모든 경험을 온전히 살아가면
죽음은 당신에게서
아무것도 앗아가지 않는다.

{ 죽음에 대한 지금 당신의 느낌은 어떤가요? }

20 ___

20 ___

20 ___

20 ___

20 ___

44

당신은 자신에게 일어나는 삶을 경험하는 것이지,
일어나기를 바라는 삶을 경험하는 것이 아니다.
다른 일이 일어나게 하려고 애쓰느라고
삶의 한 순간도 허비하지 말라.
당신에게 주어진 순간을 감사하고 음미하라.

{ 최근에 계획했던 일이 뜻대로 되지 않아서
스트레스를 받은 적이 있나요? }

20 ___

20 ___

20 ___

20 ___

20 ___

45

도는 그 중간에 있다.
그곳은 어느 쪽으로도
미는 힘이 없는 곳이다.

최근에 다른 사람에 대해 평가한 적은
언제였나요? 왜 그렇게 판단했나요?

20

20

20

20

20

중심을 잡고 극단 속으로
끼어들지 않기로 하면
당신은 도를 깨우치게 될 것이다.

최근에 부정적인 에너지에
사로잡힌 적이 있나요?
그걸 알아차리고 놓아 보냈나요?

20 ___

20 ___

20 ___

20 ___

20 ___

47

도가 어디로 가는지를
당신은 결코 볼 수 없다.
다만 도와 함께 있을 수 있을 뿐이다.

———————
———————

필연적으로 찾아올 괴로움이 있다면,
그 괴로움이 닥쳐올 때
어떤 태도로 맞이할 건가요?

20

20

20

20

20

48

다행히도 우리의 깊은 내면에는
신성과의 직접적인 연결점이 있다.

이번 주에는 식사하기 전에 다른 나라에서
굶고 있는 아이들에게 마음을 집중하는 시간을
가져 보세요. 느낌이 어땠나요?

20 ___

20 ___

20 ___

20 ___

20 ___

（49）

당신 존재의 육체적, 감정적, 정신적 측면들을
기꺼이 놓아 보내고 나면
영이 당신의 상태가 된다.

{ 처음 학교나 직장에 들어갔을 때,
당신의 첫 마음은 어땠나요? }

20 ___ _____

20 ___ _____

20 ___ _____

20 ___ _____

20 ___ _____

50

궁극적으로, 신에 대해 아는 유일한 방법은
자신을 그 속으로 녹아들게 하고
무엇이 일어나는지 보는 것이다.

{ 가장 최근에 마음이 따뜻해졌던
경험은 무엇인가요? }

20 ___

20 ___

20 ___

20 ___

20 ___

51

신은 심판하지 않는다는 것이
정말 사실이라면 어떨까?
신은 사랑이라면?

{ 지금까지 누군가를 사랑했던
경험을 모두 떠올려 봅시다. }

20 ___ _____

_____

_____

20 ___ _____

_____

_____

20 ___ _____

_____

_____

20 ___ _____

_____

_____

20 ___ _____

_____

_____

당신의 신은 환희 속에 있으며,
당신은 그것을 말릴 수 없다.

{ 삶의 궁극적인 목표는
무엇인가요? }

20 ___

20 ___

20 ___

20 ___

20 ___

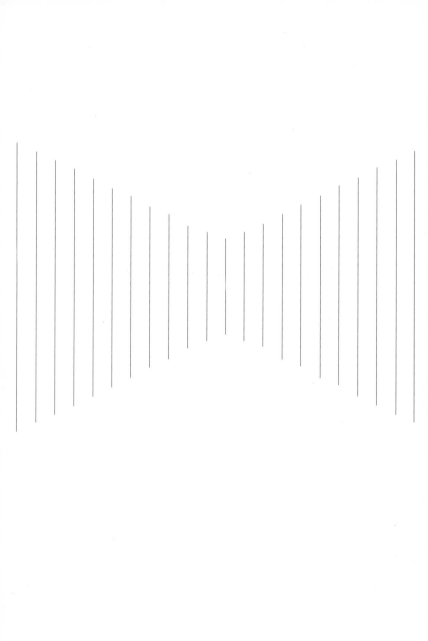

부록

비움 노트

| 해제 |

그런데 명상이 왜 필요한가요?

명상이란 도대체 무엇일까요? 명상의 근본 목적은 무엇이고, 우리는 왜 명상을 해야 할까요? 여러 종교의 명상 수행법 중에서 더 효과적인 방법이 과연 있을까요? 인간이 달나라에 간 지 한참이 지난 오늘날에도 여전히 명상은 의미가 있을까요? 이런 의문들은 우리가 명상이라는 단어를 접하게 될 때 자연스럽게 떠올리는 물음들입니다. 하지만 답을 찾는 일이 그리 쉽지 않다는 점을 우리는 쉽사리 짐작할 수 있습니다. 마이클 싱어는 이처럼 꼬리에 꼬리를 무는 당혹스러운 물음에 적절하고 균형 잡힌 해답을 제시합니다.

마이클 싱어에 따르면 명상은 내가 누구인지를 알게 만듭니다. 그런데 나를 안다는 것은 무슨 의미일까요? 자의식적 존재인 인간이 스스로 '의식'의 신비를 알게 되는 것이 명상의 요체라는 것입니다. 여기에는 인간 의식은 그 전모가 쉽사리 파악되는 단순한 실체가 아니라는 전제가 깔려있습니다. 덧붙이자면, 의식적 존재인 인간이 자신의 의식을 활용해 그 의식의 신비를 알게 된다는 기묘한 역설이기도 하지요.

주지하다시피 나라는 개체 외부에는 무한한 우주가 펼쳐져 있습니다. 동시에 에리히 프롬이 잘 지적한 것처럼 우리 내면에도 그 끝을 알 수 없는 광활한 공간이 엄연히 존재합니다. 일견 작아 보이는 각 개체마다 어떻게 이토록 무한한 의식이 내재할 수 있을까요. 이 점에서 명상은 내면에 태생적으로 갖추어져 있는 무한한 차원을 탐구함으로써 존재의 신비와 경이로움을 인식하고, 그 비범한 통찰과 지혜를 자신의 삶에 적용하는 움직임으로 정의될 수 있습니다. 그런데 이렇게 명료하게 정의될 수 있는 명상은 현대에 이르러 사뭇 다른 상황을 맞이했습니다.

무엇보다 현대는 종교의 자유가 철저하게 구현되는 다종교 사회입니다. 일부 사회를 제외하고 종교는 개인이 자유롭게 선택할 수 있는 대상이 되었습니다. 심지어 우리는 종교의 폐해를 비판하면서, 무종교인이 될 수 있는 자유마저도 누리고 있습니다. 또 그 어느 때보다 높은 수준으로 체계화된 유물론적 세계관은 종교의 무용성을 철학적으로 뒷받침해 주고 있습니다. 이런 여러 사정이 결합되어 우리는 인류사에 유례가 없었던 종교적 자유를 향유하고 있지요.

그런데 현대적 정황은 고대에서부터 발전되어 온 명상에 마치 양날의 칼처럼 작용합니다. 종교가 주장하는 초월적 차원을 받아들이지 않는 사람들에게 명상은 그저 허망한 노력에 불과합니다. 내면세계의 탐구를 통해 우리가 미처 알지 못했던 의식의 차원을 발견할 수 있다는 주장은 그들에게 그리 매력적으로 들리지 않겠지요. 동시에 현대의 다종교 상황은 특정한 명상 기법이 특정 종교 전통에 의해 더 이상 독점될 수 없게 만들었으며 그 독특성과 의미에 관해서도 쉽사리 간과할 수 없는 의문을 제기하고 있습니다. 나아가 열린 마음을 가진 사람들이라면 이제는 어떠한 명상법이라도 얼마든지 자유롭게 시험해 보는 시기가 되었습니다. 이처럼 다양한 명상 기법이 널리 알려지고, 채택되면서 특정 명상법의 절대적 우월성을 주장하기가 곤란하게 된 상황은 명상이 도대체 무엇이고, 더 효과적인 명상법이 있는가라는 물음을 더욱더 절실한 것으로 만듭니다. 달리 표현하자면 특정 종교 전통이 발전시킨 명상법이 다른 종교를 가진 사람들, 혹은 종교가 없는 사람들에게 어떤 의미와 효과를 지니는지 진지하게 묻지 않을 수 없게 된 것입니다.

마이클 싱어는 이러한 현대적 궁금증에 적절한 답을 제시하고 있습니다. 무엇보다 저자는 우리가 주고받는 일상적인 단어를 사용해 명상의 의미와 구체적인 방법을 꼼꼼하게 되짚어 나갑니다. 저자의 접근 방식은 그저 저술 방식의 독특성으로 보이기 쉽습니다만, 그 이면에는 참으로 깊은 의미가 숨겨져 있다고 생각됩니다. 그저 평범한 것으로 보이는 우리의 의식이 명상을 통해 숨 막힐 정도로 경이로운 차원을 드러낼 수 있는 것처럼 말이지요.

저자 마이클 싱어는 젊은 시절 우연한 기회에 갖게 된 내면적 체험으로 수행 전통에 본격적으로 입문했습니다. 자신의 직접적인 체험에 뿌리를 둔 탓일까요. 마이클 싱어는 특정 종교 전통의 언어가 아닌, 참으로 일상적이고 쉬운 단어를 사용해 명상이라는 난해한 주제를 다룹니다. 이 과정에서 명상의 목적과 의미 그리고 궁극적인 지향점이 무엇이어야 하는지를 자신의 경험에 기초해 명료하게 제시하고 있습니다.

이런 태도는 명상이 종교가 없는 사람들에게도 어떤 의미를 갖는지와 각기 다른 종교 전통의 상이한 명상법을 어떻게 이해할 것인가와 같은 어려운 질문에 적절한 해답을 제공한다고 믿습니다. 저자는 명상을 특정 종교 전통의 소유물이 아니라, 모든 개인이 자신의 삶에서 실천할 수 있는 그 무엇으로 제안합니다. 심지어 종교가 없는 사람에게도 말이지요. 요컨대 명상이란 초자연적 능력이나 우리 삶을 일거에 변화시키는 비범한 통찰의 획득이 아닌 온갖 일상적 사건에도 흔들리지 않는 자기중심을 찾고, 내면적 평화를 유지하게 만드는 삶의 기술이라는 주장이지요.

저자는 이 한 권의 다이어리에 그의 핵심 주장을 요약해서 펼치고 있습니다. 명상이 어떻게 가능하며, 그 목적이 무엇인지를 논리적 흐름에 따라 크게 다섯 부분으로 나누어 독자들에게 질문하고 안내하는 방식을 택하고 있습니다. "잠든 의식을 일깨우기", "에너지를 경험하기", "자기를 놓아 보내기", "그 너머로 가기", "삶을 살기"가 그것입니다. 일상적 언어를 활용한 엄선된 문장은 대단히 친절할뿐더러, 종교가 선택의 대상인 다종교 상황에서 명상의 중요성과 의미를 소개하는 가장 효과적인 태도로 여겨집니다. 이 다이어리가 안내하는 목적지 역시 명료합니다. "가장 높은 영성의 길은 삶 그 자체"라는 점과 우리가 찾을 가장 높은 지혜는 "중도의 길"을 취하라는 점을 명상을 통해 알아차리고, "심판"이 아닌 "사랑"을 삶 속에서 구현하라는 것입니다.

그 어느 때보다 치열한 경쟁과 급격한 변화를 겪고 있는 현대에 들어 명상으로 상징되는 '느린 삶', '치유', '전일성'에 대한 관심이 폭발적으로 일어나고 있습니다. 아마도 균형을 회복하려는 자연스러운 움직임이겠지요. 이제 명상은 소수의 사람들에게 초월적 통찰을 주거나 혹은 초자연적이고 신비스러운 능력을 얻게 만드는 통로로만 기능할 수 없게 되었습니다. 동시에 인간 의식이 더 이상 신비를 품고 있지 않다는 견해에 강력한 반례로 기능한다는 점에서 명상은 극단으로 치닫는 현대인들의 삶에 균형과 조화를 부여합니다. 이것이 바로 오늘 우리가 새삼 명상에 주목해야 할 이유가 아닐까요?

서울대학교 종교학과
성해영 교수

| 저자 소개 |

마이클 싱어는 누구인가요?

마이클 싱어는 1970년대 초 플로리다 대학교에서 경제학 박사과정을 공부하던 중에 우연히 깊은 내면적 체험을 하게 되어, 그 이후 세속적인 생활을 접고 은둔하여 요가와 명상에 몰두했습니다. 1975년에 명상 요가 센터 Temple of the Universe를 세우고 내적 평화의 체험을 전하기 시작했습니다. 또한 미술, 교육, 보건, 환경보호 등의 분야에 크게 기여했습니다. 저서로는 『상처받지 않는 영혼』, 『될 일은 된다』가 있습니다.

숲속의 소박한 명상가이자, 대중 앞에 나서기를 꺼려 '얼굴 없는 저자'로 알려져 있던 마이클 싱어는 오프라 윈프리의 간곡한 부탁을 이기지 못해 2012년 〈슈퍼 소울 선데이〉에 출연하며 사람들 앞에 처음으로 모습을 드러냈습니다. 온갖 욕망들을 끌어당기기에 지쳐 있던 사람들은 마음의 곤경에서 자유로워지는 법을 알려주는 그의 강연에 폭발적으로 반응했습니다. 방송 직후, 그의 책 『상처받지 않는 영혼』은 뉴욕타임스 베스트셀러 1위에 올랐고, 한국을 포함한 십여 개 국의 언어로 번역되어 전 세계에 소개되었습니다. 스스로 만든 마음의 감옥 속에 방치해 두었던 참 자아를 찾는 여정으로 우리를 안내하는 그의 책들은 지금도 여전히 독자들에게 사랑받고 있습니다.

독자들은 마이클 싱어를 불안에 시달리는 현대인의 지친 영혼을 진정한 자유로 인도하는 안내자로서 받아들였습니다. 이 시대의 뛰어난 성취자들인 스티브 잡스와 오프라 윈프리 등이 자신의 성공 비결로 명상을 꼽으며, 내면에 대한 관심이 높아진 사회 흐름도 마이클 싱어 신드롬과 무관하지 않았습니다. 그러나 국경을 초월한 공감을 이끈 주역은 동서양의 다양한 종교와 영적 전통들을 자유롭게 인용하며 어두운 내면을 일상의 언어로 밝게 비춘 그가 들려주는 이야기 자체의 뛰어남이었습니다.

홈페이지 : untetheredsoul.com

상처받지 않는 영혼

: 내면의 자유를 위한 놓아 보내기 연습
마이클 싱어 지음, 이균형 옮김

뉴욕타임스 베스트셀러 1위의 심리학 에세이
심리학으로 마음을 해부하고, 동양의 지혜로 상처를 치유하다.

외부 조건을 바꾸기 위해 삶과 싸우는 법을 가르쳐 온 지금까지의 책
들과 달리, 어떤 상황에서도 마음의 중심을 지키는 삶의 기술과 마음
의 곤경에서 탈출하기 위한 구체적인 수행의 방법을 알려 준다. 오프
라 윈프리가 '여행 갈 때 반드시 챙겨가는 책'이라고 소개해서 더욱
유명해진 책으로, 현대인을 위한 마음 공부법을 제시한다.

역자_이균형

1958년 생으로 연세대학교 전기공학과를 졸업했다.
정신세계에 입문한 이래로 줄곧 의식 현상을 탐구하면서
해외의 관련 서적들을 번역·소개해 왔다. 옮긴 책으로는
『깨달음 그리고 지혜』, 『깨달음 이후 빨랫감』,
『우주가 사라지다』, 『지중해의 성자 다스칼로스』 등이 있다.

마이클 싱어 명상 다이어리

초판 1쇄 발행 2019년 12월 25일
초판 5쇄 발행 2024년 6월 15일

지은이 | 마이클 싱어
옮긴이 | 이균형

펴낸이 | 정상우
주간 | 주정림
디자인 | this-cover.com
인쇄·제본 | 두성 P&L
용지 | (주)이에스페이퍼
펴낸곳 | 라이팅하우스
출판신고 | 제2022-000174호(2012년 5월 23일)
주소 | 경기도 고양시 덕양구 으뜸로 110 오피스동 1401호
주문전화 | 070-7542-8070 팩스 | 0505-116-8965
이메일 | book@writinghouse.co.kr
홈페이지 | www.writinghouse.co.kr

한국어출판권 ⓒ 라이팅하우스, 2019
ISBN 978-89-98075-68-2 (03180)
Photo on Unsplash, Shutterstock